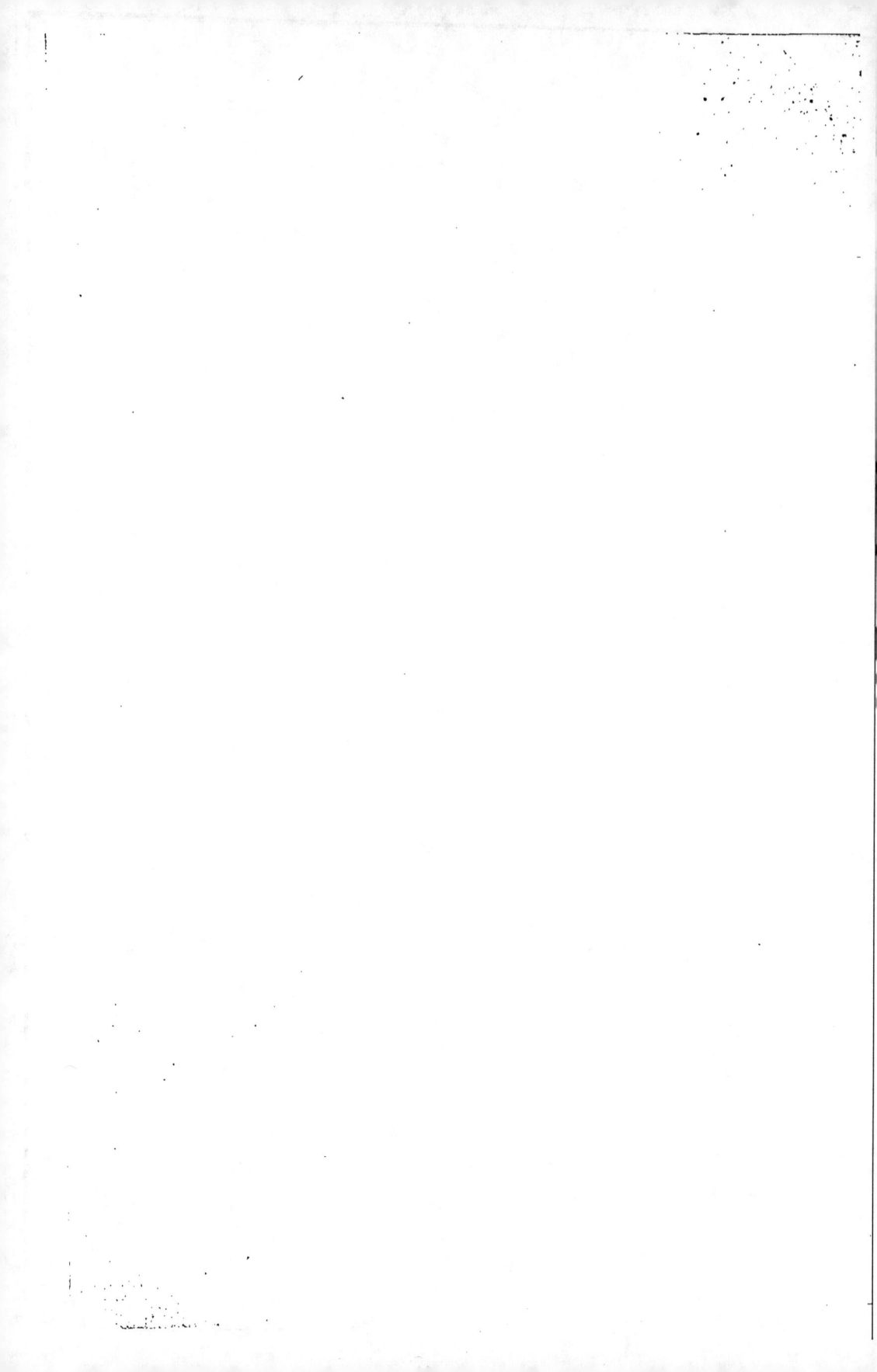

LES NOCES D'OR

DE M. DALIN

SOUVENIR DU 1er SEPTEMBRE 1875

LES

NOCES D'OR

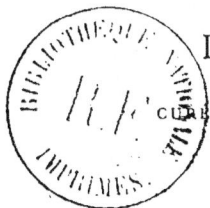

DE M. DALIN

CURÉ DE LA FLOCELLIÈRE

NANTES

IMPRIMERIE VINCENT FOREST ET ÉMILE GRIMAUD

PLACE DU COMMERCE, 4

1875

SOUVENIR

DU 1er SEPTEMBRE 1875

QUE s'est-il donc passé, le 1er septembre, à la Flocellière? Que s'y est-il passé de si beau, de si important, que le bruit s'en soit immédiatement répandu dans toute la Vendée? Le diocèse entier était là, réuni dans une même pensée et comme dans un intérêt général. Le chapitre de la cathédrale était représenté par MM. Charpentier et Guinement, et une dizaine de chanoines honoraires; les ordres religieux l'étaient par le P. Provincial des Passionnistes et trois ou quatre Pères de Chavagnes; les Grand et Petits-Séminaires, par plusieurs de leurs professeurs; le clergé paroissial, par vingt doyens et une foule d'autres prêtres de Luçon et de Poitiers. A ces 230 ecclésiastiques étaient venus se joindre plus de quatre-vingts laïques d'élite, également

désireux de célébrer les *Noces d'or,* c'est-à-dire le cinquantième anniversaire de prêtrise de M. Dalin, curé de
la paroisse, qui fut le camarade de quelques-uns, le professeur ou le supérieur de la plupart des autres.

C'était déjà un vivant et touchant spectacle que l'arrivée
de tant d'hommes d'intelligence et de cœur, venant de tous
les points de l'horizon et se concentrant pour ainsi dire
autour d'un vieillard toujours jeune, qui fut autrefois le
guide, le drapeau de leur jeunesse. Cette vue seule reportait
les pensées bien loin en arrière, et le rayonnement de tous
les fronts montrait combien on aimait à se souvenir.

A dix heures, sonnait à toute volée l'office, annoncé depuis
le matin par de gais carillons. Le clergé, réuni au presbytère, se rendait en chantant à l'église paroissiale, où tout
était disposé pour que le placement se fît sans aucun
désordre. Mgr de Lespinay, protonotaire apostolique, et
lui-même ancien élève du P. Dalin, était à son fauteuil,
dans le sanctuaire, entre M. Ferchaud, longtemps archiprêtre de Fontenay, et M. Méchineau, archiprêtre actuel.

M. le curé de la Flocellière allait chanter la messe ; mais
auparavant on le pria de bénir un magnifique ornement,
don du clergé diocésain au bien-aimé vétéran du sanctuaire. Ses élèves laïques, ne voulant pas rester en arrière,
avaient offert le riche calice qui allait servir à l'autel, et
sous le pied duquel sont gravés leurs noms.

Le chant fut digne de la fête. Un *Ecce quam bonum,*

composé par M. l'abbé Brillouet, fit une vive impression.
Il en fut ainsi d'un *O salutaris* du même auteur, chanté
par lui avec une grâce parfaite.

Après l'évangile, M. Garreau, vicaire-général, monta
en chaire et, avec une chaleur communicative, fit, dans les
meilleurs termes, l'éloge du sacerdoce et de son ancien
maître. Il fut surtout heureux dans le choix de plusieurs
passages des saints Pères, qu'il développa avec toute l'éloquence du cœur. Le silence absolu de la foule qui se pres-
sait dans l'église, montrait assez l'intérêt que le prédicateur
et son sujet inspiraient à l'assistance.

A l'offertoire, le pain à bénir fut présenté, sur des bran-
cards fleuris, par les petits *pages de la Vierge,* dans leur
joli costume. La cérémonie du *Baiser de paix,* donné par
le célébrant et pieusement transmis tout le long des lignes
du clergé, fit une profonde impression sur le peuple, pour
qui ce spectacle était nouveau.

La sainte messe finie, M. le curé de la Flocellière,
après avoir rappelé à l'assemblée le véritable but de la fête,
et lui avoir adressé les remerciements les plus affectueux,
termina par ces paroles, qu'il faut citer pour connaître un
des détails les plus touchants de la journée :

« J'ai, dit-il, un secret à révéler particulièrement aux
« anciens élèves des Sables, secret intéressant surtout pour
« ceux qui furent témoins du mémorable incendie de 1835.
« Je n'ai pas besoin de leur faire l'histoire du sceptre, pré-

« cédemment offert à Marie comme symbole de sa royauté
« sur le Séminaire ; de ce sceptre qui, dans la terrible nuit,
« jeté au milieu des flammes, changea merveilleusement la
« direction du vent et sauva la maison. Ils savent tous
« combien depuis lors il fut de plus en plus vénéré, et, je
« n'ai pas peur d'être démenti, plusieurs de ceux qui
« m'écoutent gardent dans leur souvenir, comme un des
« bonheurs de leur vie, l'honneur qu'ils ont eu, à certains
« jours solennels, de tenir à la main ce sceptre virginal, qui
« du reste n'était ainsi confié qu'au talent et à la vertu
« réunis.

« Eh bien ! ce sceptre, qui n'était jamais sorti des murs
« qu'il protége, vous allez le voir aux pieds de la statue de
« N.-D. de Lorette. Comment s'y trouve-t-il ? Je n'éton-
« nerai personne en disant que nous devons, vous et moi,
« cette aimable surprise au prêtre vénérable (M. Laporte),
« dont la plupart d'entre vous ont reçu les leçons, et qui a
« toujours su allier les pensées les plus gracieuses à la plus
« rare modestie. Ce sceptre béni restera exposé toute la
« soirée ; nous pourrons le voir, le toucher, le baiser
« encore, s'il nous plaît, et, pour un moment, nous, vieux
« témoins de sa gloire, nous aurons quarante ans de moins.
« Il n'a plus l'éclat de sa jeunesse ; mais, sous les traces du
« temps et du feu, son métal est resté pur ; heureux nous-
« mêmes si, en traversant la vie, nous n'y avons laissé que
« l'agilité des membres et la fraîcheur de l'imagination,

« sans rien perdre de la pureté du cœur et du dévouement
« à toutes les bonnes causes ! »

On eut besoin de se rappeler qu'on était dans une église,
pour ne pas couvrir d'applaudissements et le touchant objet
et les termes chaleureux de cette révélation.

De la paroisse on devait se rendre processionnellement
à la chapelle de Lorette. A la sortie de l'église, une image,
en souvenir de la fête, fut donnée à chaque prêtre, de la
part de celui qui en était le héros. En tête de la procession
flottait la bannière des pèlerinages, sur laquelle sont brodés
ses états de service, c'est-à-dire les noms et les dates de
Lorette, de Lourdes et de Paray-le-Monial. Elle était
portée par M. Armand de Lespinay, qui en a fait don à la
paroisse, et les cordons étaient tenus par deux députés vendéens : MM. de la Bassetière et Bourgeois. Après eux
marchaient les autres laïques venus pour la fête. Le clergé
suivait, en chantant les litanies de la sainte Vierge. Tout le
peuple, formant la haie sur le parcours, n'a pu qu'être
émerveillé et surtout édifié d'un spectacle aussi beau que
rare. A l'entrée dans la chapelle, beaucoup ne purent
retenir leurs larmes en revoyant ce sceptre si cher à leur
mémoire, et voulurent le baiser avec la foi naïve de leurs
premières années.

Le chant des litanies terminé autour de la belle statue
de N.-D. de Lorette, la partie religieuse de la fête était
finie.

Bon nombre éprouvaient la pieuse curiosité de visiter la *Sainte-Maison ;* copie rigoureusement exacte de la *Santa-Casa* de Lorette, et qui attire journellement à la Flocellière de nombreux pèlerins; mais la plupart durent remettre à plus tard cette précieuse visite ; il était temps de songer à prendre quelque nourriture.

On traverse la rue et l'on entre dans un parc plein d'ombre et de fraîcheur. Ce fut jadis la propriété de Mgr Paillou et sa demeure pendant six mois de chaque année. Cette jolie enceinte, si bien appropriée à la circonstance, avait été mise, avec la plus gracieuse obligeance, à la disposition de M. le curé, par sa propriétaire actuelle, Mlle Alexandrine Barbot.

Dans ce parc, une charmille jeune, bien taillée, et longue de près de 5o mètres, se termine par des rochers entassés de façon à reproduire, autant que possible, la grotte de Lourdes. Cette charmille a été convertie en une salle splendide, dont les murailles de verdure supportent, au moyen d'une légère charpente, une tente formée de plusieurs centaines de mètres de toile qui, la fête finie, sera distribuée aux pauvres de la paroisse. Des tables sont dressées et servies comme elles pourraient l'être dans un vrai salon. Des suspensions de fleurs, des corbeilles, tout ce qui peut réjouir les yeux, est réuni pour offrir un spectacle féerique. 3zo convives peuvent s'asseoir à l'aise. Tout près de là est installé, à l'ombre, un buffet où pourront se pourvoir ceux,

en petit nombre, qui n'ont point de place dans la salle
commune.

Pendant le premier quart d'heure, la cordialité des con-
versations assaisonne le travail des appétits sans le troubler;
mais voici qu'une sonnette se fait entendre : plus le moindre
bruit, plus aucun mouvement. M. de Montgermont, maire
de la Flocellière, se lève et, avec une émotion qui provoque
les sympathies de l'assemblée, lit un petit discours que
couvre une triple salve d'applaudissements. On allait se
remettre aux occupations de la table, quand la sonnette
impose un nouveau silence. C'est M. le curé du Bernard
qui, en sa qualité d'archéologue, nous fait remonter agréablement au temps des premières études du P. Dalin. A
peine a-t-il quitté la place, qu'elle est occupée par M.
Édouard de la Bassetière, député. Pendant bien des mi-
nutes que nul ne songe à compter, il nous tient sous le
charme de sa parole, expression toujours belle de belles et
graves pensées. Survient un autre député, M. Bourgeois,
qui, de l'air le plus avenant, nous débite des vers où il y a
du passé, du présent, de l'avenir, et partout de l'esprit.
M. Émile Grimaud, le poète vendéen, M. Biré, le promo-
teur si zélé des pèlerinages et des cercles catholiques, MM.
les curés de Saint-Mesmin, de Saint-Florent, de Charzais,
de la Garnache, et d'autres peut-être dont les noms nous
échappent, se succèdent à la tribune et réussissent à trans-
former le festin en séance littéraire et musicale, où le plaisir
d'écouter et d'applaudir fait oublier tout le reste.

Outre les pièces lues ou chantées pendant le repas, plusieurs autres ont été envoyées depuis, comme cadeaux de noces, de divers points du diocèse et même d'ailleurs. Quelques extraits de la plupart de ces pièces suivront ce récit, et le compléteront agréablement.

Nous devons mentionner, avant de finir, d'autres cadeaux faits, ce même jour, à M. le curé de la Flocellière. M. Émile Grimaud lui a offert ses *Petits drames vendéens,* dont l'éloge n'est plus à faire. M. Octave de Rochebrune, dont la France et l'Europe ont su apprécier et couronner le beau talent, voulait offrir aussi un de ses chefs-d'œuvre : sans le savoir, il a choisi celui qui convenait le mieux à la circonstance, *la Métropole de Paris.* Aussi a-t-il été doublement heureux, quand son ancien supérieur, posant le doigt sur le chœur de l'édifice, lui a dit : « C'est ici précisément qu'a eu lieu l'ordination dont nous fêtons le cinquantième anniversaire. »

Enfin, il fallait partir. C'est à ce moment où toutes les impressions de la journée se résumaient dans des adieux fraternels, c'est alors que tous les cœurs se sont faits mutuellement écho pour répéter que jamais fête pareille ne s'était vue. Les esprits d'ordinaire les plus exigeants s'accordaient à dire que rien n'y avait manqué, ni dans l'ensemble, ni dans les détails, et que la convenance la plus digne n'avait cessé de s'y unir à la plus aimable cordialité.

I

« Monsieur le Curé,

« Deux sentiments, également honorables pour le pasteur et pour le troupeau, l'affection et la reconnaissance, groupaient, il y a quelques instants, vos paroissiens au pied de l'autel, sur lequel vous célébriez les saints mystères, dans ce cinquantième anniversaire de votre ordination sacerdotale : l'affection d'abord, que votre piété filiale pour le vénérable vieillard qui fut votre prédécesseur dans cette paroisse, avait dès le principe fait naître dans leurs cœurs, que votre dévouement pour tous a ensuite développée et qui n'a fait que s'affermir chaque jour ; puis la reconnaissance, dont ils sont heureux de vous donner aujourd'hui un éclatant témoignage, en présence de vos honorables confrères et de vos amis, venus de tous côtés pour y joindre celui de leurs sympathies les plus vives.

« Ces sentiments, dont je me fais l'interprète au nom du conseil municipal, dont le concours ne vous fera jamais défaut, et au nom de la totalité de la paroisse, qui sait apprécier toute votre sollicitude, ne sont pas des sentiments inertes. Non, Monsieur le Curé, ils se traduisent souvent, et particulièrement aujourd'hui, en vœux ardents, que tous à l'envi adressent au Seigneur, pour lui demander de soutenir votre verte vieillesse et de vous conserver longtemps encore la direction spirituelle d'une paroisse qui vous doit tant. Parmi les nombreuses traces de votre passage à la Flocellière,

vous laisserez la Sainte-Maison de Nazareth, dans laquelle, de génération en génération, les mères chrétiennes aimeront à conduire
leurs petits enfants pour les consacrer à la sainte Vierge, et pour leur
apprendre à bénir le nom de celui qui a élevé ce sanctuaire à sa
gloire.

« En terminant, Messieurs, laissez-moi vous remercier d'avoir
répondu en aussi grand nombre à l'appel de notre digne Curé et
d'être venus donner par votre présence un plus grand éclat à cette
fête de famille.

« Messieurs, je bois à la santé de Monsieur le Curé et à la vôtre. »

M. DE MONTGERMONT,
Maire de la Flocellière.

II

« La reconnaissance filiale s'est exprimée déjà dans la chaire chrétienne avec des accents que nous n'avons point oubliés ; à nous laïques, maintenant, dussions-nous n'être que le faible écho de ces paroles, à nous incombe le même pieux devoir. Je vous demande, au nom de mes vieux camarades ici réunis, la permission de n'y point manquer.

« Parler de notre vénéré Père, c'est parler du Petit-Séminaire des Sables, son principal titre de gloire ; or, parler du Petit-Séminaire, c'est parler de notre berceau à tous. Ce souvenir me fera pardonner, je l'espère, quelques détails trop intimes peut-être. Sans intérêt pour des profanes, ils auront, j'en suis certain, pour nous le charme de ces mille objets que l'on rencontre avec bonheur, quand après une longue absence on revient à la maison paternelle ; tous nous y rappellent un doux ou triste, mais toujours un attachant souvenir.

« Le Petit-Séminaire, sous M. Dalin, fut en effet une page de notre histoire à tous ; mais ce fut encore, j'ose vous le dire, une page de notre histoire vendéenne.

« C'était l'époque, vous vous le rappelez, où dans notre pauvre France régnaient les intérêts matériels ; l'époque de la défiance envers le clergé, du monopole de l'enseignement laïque et universitaire. On eût craint, ce semble, que le respect de la liberté religieuse, le culte des intérêts moraux, ne ramenât un régime dont on venait de se violemment séparer. Les pères de famille, alors, qui tenaient à l'enseignement chrétien, n'avaient d'autres ressources que de chercher au delà des frontières un sol plus ami de la liberté.

« Dans notre Vendée, fruit et récompense, sans doute, de ses

longs combats pour la cause religieuse, un sort plus heureux nous
était réservé : le Petit-Séminaire diocésain, généralement interdit à
cette époque à tout autre qu'à l'élève ecclésiastique, chez nous,
ouvrit ses portes à un grand nombre de jeunes enfants, laïques
comme nous. On brava en partie les règlements, aussi ridicules
qu'odieux, établis pour nous en fermer l'entrée ; on se soumit
courageusement à ce qu'on ne put éviter. On eût fait davantage,
d'ailleurs, pour y venir recevoir les enseignements d'un jeune Direc-
teur que la Providence y avait tout récemment appelé, et à qui semblait être confiée une véritable mission pour l'honneur et la régéné-
ration de notre chère Vendée.

Au bruit des premiers succès, les élèves accoururent plus
nombreux encore. Les bâtiments de la vieille abbaye furent bientôt
impuissants à les contenir ; si bien qu'on peut dire avec vérité que,
pendant une période correspondant à l'enfance de ceux qui supportent aujourd'hui le poids du jour et marchent à la tête de la
société, la Vendée presque tout entière fut élevée dans cette pieuse
maison sous la direction du plus tendre, du plus intelligent, du plus
dévoué des pères. C'est de là que sortit l'âme de la génération présente, et c'est elle qui vient aujourd'hui, avec reconnaissance,
respect et bonheur, s'incliner devant celui qui l'a formée.

« Ce qui a été et ce qui restera le cachet et l'honneur de l'enseignement du Petit-Séminaire sous M. Dalin, c'est, à côté de la culture intellectuelle par l'étude des lettres profanes, la culture, surtout
et avant tout, de la partie morale de l'homme, la culture de l'âme,
du chrétien. Qui a fait sa première communion au Séminaire des
Sables sous ce vénéré Père, n'oubliera jamais comment les jeunes
cœurs étaient préparés à ce premier et plus grand acte conscient de
la vie chrétienne : — quels trésors d'exhortations pieuses, de précau-
tions tendres, d'entraînements divins, si je puis m'exprimer ainsi,
étaient dépensés à leur profit dans cette circonstance solennelle! C'est
ici le lieu d'associer à ce souvenir celui d'un saint prêtre, un ange
plutôt qu'un homme, enlevé il y a quelques années à peine à notre
affection commune, alors que ses modestes mais constantes vertus
semblaient l'avoir entouré comme d'une éternelle jeunesse. On ne

trouvera pas exagérée cette parole, quand on voudra se souvenir qu'elle est un hommage à la mémoire du vénérable monsieur Roy, resté pendant un demi-siècle fidèle à l'humble poste dont il était l'honneur.

« Mais l'homme, quelle que soit la carrière, ecclésiastique ou laïque, à laquelle il soit appelé, ne doit pas rester toujours à l'ombre protectrice du sanctuaire. A côté donc de ces premières et douces inspirations, faites pour élever le premier regard de son âme vers le ciel, il a besoin d'autres ressources morales. Il lui faut armer son inexpérience contre les dangers, les surprises du monde ; il lui faut fortifier son courage par le souvenir des grands exemples; fixer enfin ses résolutions par une saine et robuste notion du devoir.

« C'est là qu'excellait réellement notre vénéré Père. Qui ne se souvient parmi nous de ses entretiens familiers, chaque semaine *au réfectoire* pour tous, à la *grande étude* pour les plus avancés, les rhétoriciens ? Dans ces dernières conférences surtout, quelle somme d'expérience, de sagesse, de conseils inimitables, prodiguée à ses chers enfants! Grâce à ces questions délicates de philosophie, d'histoire, de morale, posées librement par nous, et résolues par lui avec un tact, une prudence infinie, comme il nous initiait à la science de la vie! comme il nous préparait à ce milieu nouveau qui trouble et désarme quelquefois, qui étonne toujours le jeune homme quand on ne l'a pas suffisamment prémuni contre des périls qu'il ignore, des attaques qu'il ne peut pas même prévoir.

« A côté de cet enseignement, il nous en donnait un plus sûr, plus palpable du moins, et partant plus efficace pour l'enfant : il nous ouvrait le livre de sa propre vie. Qui ne se rappelle, pendant ces longues récréations du soir, l'hiver, avoir un peu violenté, pour ainsi dire, cet excellent Père, en l'entraînant dans un groupe pressé au fond d'une de nos grandes salles, pour lui demander (et pour la vingtième fois peut-être) ce que nous appelions, ce qu'il appelait avec nous *son histoire?* C'est qu'elle était intéressante, cette histoire, et bien instructive aussi! Né au lendemain de notre grande révolution, il n'avait pas été témoin lui-même de ses excès, pas plus que de l'héroïsme de nos pères; mais il avait recueilli tous les

2

échos de ces grands souvenirs qui vibraient encore dans notre Vendée ; mais, pour tremper cette âme par la lutte et la résistance victorieuse, la Providence avait voulu l'éprouver tout d'abord, au contact d'un vieil oncle, imbu des idées nouvelles, qui devait mettre sa jeune et honnête intelligence aux prises, d'un côté, avec sa droiture naturelle, de l'autre, avec son influence, bien faite pour la dominer, mais dont il sut généreusement triompher.

« Il nous apprenait ainsi, par les difficultés qu'il avait trouvées et surmontées lui-même, ce que c'est que la vie, la vie morale surtout, c'est-à-dire une résistance, un effort, une arène, où les plus généreux athlètes ont dû être préparés par l'épreuve, où les nobles jouissances du devoir accompli ne se recueillent qu'au prix du sacrifice.

« Mais ce n'était pas assez de sa parole, pas assez du souvenir évoqué de sa précoce expérience ; il savait y ajouter l'exemple, plus frappant et plus entraînant encore, de sa vie présente. Sur ce terrain, ne le vit-on pas s'élever un jour jusqu'au dévouement le plus héroïque, auquel il conviait à s'associer, dans la mesure de leur libre adhésion et de celle de leurs familles, les aînés de ses chers élèves, ceux qu'il savait assez pénétrés de ses enseignements pour ne s'y dérober jamais ? Dites, habitants de la ville des Sables, (et il s'en trouve assurément quelques-uns dans cette enceinte), dites, à une époque douloureuse mais glorieuse pour celui que nous célébrons, dites, quand un effroyable fléau, d'autant plus effroyable alors qu'il était moins connu, quand le choléra, en un mot, décimait vos familles, que les malades étaient menacés d'être abandonnés dans la consternation générale, dites, qui releva les courages, qui accourut à votre chevet, nuit et jour, avec une troupe de jeunes infirmiers dont rien ne put désespérer l'énergie, arrêter la charité ? Vous ne pouvez l'avoir oublié ; car on n'oublie pas celui qui a pu vous conserver un père, une mère, un frère, une sœur. A quarante ans d'intervalle, bénissez la Providence qui vous permet d'acquitter une dette sacrée, en apportant ici au nouveau Vincent de Paul le tribut de votre reconnaissant souvenir.

« A cet enseignement, si fort par lui-même, appuyé encore de si courageux, de si héroïques exemples, il faut ajouter le don d'une foi profonde qu'il savait communiquer à ses élèves, d'une foi à transporter les montagnes. Vous n'en avez pas oublié non plus, chers camarades, les merveilleux effets; car vous étiez là, plusieurs d'entre vous du moins, dans cette nuit terrible de décembre qui faillit voir la ruine complète de cette maison sainte où l'ennemi de Dieu et des hommes ne supportait depuis longtemps qu'avec rage le bien qui se faisait. Au milieu des circonstances les plus fatales, et, humainement parlant, irrésistibles, quand un froid de 15 degrés retenait glacée dans les bassins l'eau qui aurait pu éteindre l'incendie, quand un vent violent portait d'une extrémité au centre de la maison la flamme destinée à l'anéantir, pouvait-on songer que tout n'était pas irrévocablement perdu, et qu'il y avait autre chose à faire qu'à se résigner à un douleureux mais nécessaire sacrifice?

« Sous l'empire du sentiment que je rappelais tout à l'heure, maîtres et élèves cependant ne désespèrent pas. Voyez-vous sur un mur embrasé cette main qui jette au milieu de la fournaise ce sceptre consacré la veille par ses enfants à la Mère qui est aux cieux? Cette main est celle de notre Père: seul il a conçu d'abord, comme il a exécuté cet acte; mais il n'a été que l'interprète de tous les cœurs; à sa foi a répondu la foi de tous: elle sera récompensée! Celle qui commande aux flots et à la tempête saura bien se faire obéir d'un autre élément non moins terrible: à l'instant les vents ont changé, entraînant loin de l'édifice les flammes qui tout à l'heure menaçaient de le dévorer. La maison principale est sauvée; et le lendemain, au milieu des débris encore fumants, une messe d'action de grâces, une des plus touchantes auxquelles j'aie jamais assisté, réunissait maîtres et élèves; et l'on y vénérait ce sceptre, noirci par la flamme, mais glorieux par le miracle qu'il venait d'opérer.

« Donc, de cette rude mais saine école nous devions tous sortir, ce semble, préparés aux luttes qui nous attendaient.

« Mais la lutte, elle était pénible alors: les vrais catholiques étaient rares. Ceux qui l'étaient encore ne l'étaient guère que pour eux et chez eux. Hors du foyer domestique ou de l'église, la liberté semblait leur être refusée.

« Ils commençaient cependant à la revendiquer; Ravignan et Lacordaire faisaient appel au droit commun et préparaient l'émancipation religieuse.

« Mais si la chaire leur était permise, l'enseignement de la jeunesse leur était interdit. Les ordres religieux étaient proscrits, et le Père de Ravignan pouvait dire avec vérité de l'un deux, celui qu'il illustrait par son zèle et son éloquence : « Ce nom, il est heureux pour la haine, il dispense de la justice. »

« Au milieu de ces difficultés, les enfants du Père Dalin trouvèrent pour se défendre le souvenir de son enseignement et de ses exemples. Ils ne reculèrent pas devant la lutte, si inégale qu'elle pût paraître· Quelques-uns même, comme pour élever une protestation plus généreuse, coururent s'enrôler dans ces ordres proscrits, et jusque dans les rangs de ceux à qui toute justice était déniée. Il y en eut enfin qui passèrent les mers, ambitieux de la couronne des martyrs; mais tous ou presque tous comprirent que, du plus élevé au plus modeste poste, ne fût-ce qu'au sein de la famille, il y avait pour les élèves du Petit-Séminaire une mission sociale à laquelle il ne pouvait faillir.

« Aujourd'hui le temps a marché. Ces barrières sont tombées ou en partie tombées. En face du mal qui n'a cessé de grandir, l'Église au moins a reconquis le droit de cité. Comme une moisson assurée, dès que la terre lui est livrée, ses œuvres naissent, se multiplient et se transforment autant que les besoins de la société.

« Le bien, descendu d'en haut comme le mal en était venu, cherche à dépasser et dépasse en zèle, en activité, les efforts des ennemis de la vérité. Voyez ces *cercles catholiques d'ouvriers*, qui ont établi dans toute la France et bientôt dans toute l'Europe comme une sorte de franc-maçonnerie chrétienne ; ces *œuvres des soldats*, qui vont accueillir nos fils, tous aujourd'hui soumis aux mêmes périls de la vie militaire ; ces *congrès*, qui réunissent en doublant ainsi leurs forces toutes les âmes d'élite avides de se dévouer au service de la charité; ces *pèlerinages*, enfin, qui entraînent dans une même pensée d'expiation, de foi et d'espérance des masses comme on n'en a point ébranlé ainsi depuis le moyen âge.

« A toutes ces œuvres, les anciens élèves du Petit-Séminaire ont pris une large part. Peu de contrées ont fondé autant de cercles ouvriers que notre chère Vendée, se sont associées avec autant de zèle à toutes ces manifestations de la vérité et de l'enthousiasme religieux. La bannière et le pèlerin de la Vendée ne sont-ils pas célèbres au pied des Pyrénées? Ne s'y est-on pas disputé nos sacrés-cœurs et nos cantiques? Mais ces cantiques les plus touchants, les plus entraînants, les plus populaires, ne sont-ils pas l'œuvre encore de notre vénéré Père, qui, à trente ans d'intervalle, par une faveur toute providentielle, a pu, sur la route des pèlerins, tendre la main à ses enfants, fier, en se retrouvant à leur tête, de voir qu'ils n'ont pas dégénéré.

« Voilà pour le passé, pour le présent; mais en face de cette verte vieillesse, est-ce qu'il n'est pas permis de parler aussi un peu de l'avenir? La couronne de cheveux blancs n'est pas toujours le signe d'une ardeur qui s'éteint, ou de forces qui trahissent cette ardeur même. Oui, Père, s'il plaît à Dieu, nous combattrons encore sous la même bannière; une nouvelle lutte nous appelle, celle de l'*enseignement chrétien*.

« Ah! nous avions déjà cette loi de mil huit cent cinquante qui fit Castelfidardo et Patay, cette double et immortelle protestation contre l'outrage à ce que nous aimons le plus au monde, l'Eglise, notre mère, et la France, notre patrie terrestre ; cette loi qui nous sauva d'une irrémédiable ruine, en conservant dans quelques âmes d'élite ce feu sacré, cette sève nationale et chrétienne qui allait se tarir.

Mais nous n'atteignions encore que l'enfance. La plupart du temps, par suite d'un enseignement et d'un contact funestes, la jeunesse, même celle qui sortait de nos mains, bientôt nous échappait, le fruit était détruit dans sa fleur. Il nous fallait une conquête nouvelle; grâce à Dieu, après bien des luttes nous y sommes arrivés.

« Ah ! je puis bien en parler à mon aise, puisque toute la gloire en revient à l'illustre prélat et à ces grands chrétiens chargés de la direction de cette lutte délicate, devant lesquels nous nous sommes fait un devoir de nous effacer tous. Donc, vous me permettrez bien de le dire, ce sera l'honneur peut-être de cette assemblée, qui, sur un autre terrain, hélas! a été inégale, je le reconnais, à sa glorieuse tâche, mais dans laquelle s'est rencontré un fond d'honnêteté et de sentiment religieux, comme on en pouvait difficilement attendre des représentants d'une société sur laquelle ont passé, depuis quatre-vingts ans, tant de souffles divers; ce sera son honneur ou son excuse au moins, au milieu de l'avortement de ses efforts et de ses espérances, de ne pas avoir désespéré du succès de la liberté chrétienne.

« N'ayant pu fonder le présent, il nous a été donné au moins d'assurer l'avenir. Par la défaillance de notre foi, sans doute, nous aussi nous n'avons pu entrer dans la terre promise; mais grâce à Dieu et à la loi qu'il nous a permis de faire, la France y entrera un jour; cela seul importe, après tout; les hommes avec leurs passions ou leurs faiblesses passent, les nations demeurent, et la France demeurera.

« Nous combattrons, en attendant, avec cette arme qui nous est donnée. C'est dans cette lutte, Père, que vous marcherez avec nous, que la Vendée suivra tout entière, que tous les catholiques répondront à la voix de leurs évêques qui se fait entendre de toute part.

« Il n'est plus permis, d'ailleurs, de rester en dehors de la mêlée. Voyez comme non-seulement en France, mais en Europe, mais dans l'univers entier, la même arène s'ouvre. Il semble que les deux cités qui, depuis l'origine des choses, se partagent la terre, se préparent à une de ces luttes gigantesques et suprêmes qui transforment le monde. Ne restons pas en arrière de ces frères, qui, plus malheureux que nous dans un grand nombre de contrées, nous donnent cependant l'exemple de la foi et du courage, qui, tout vaincus que nous sommes, n'en tournent pas moins vers nous leurs regards et leurs espérances, avec la conscience intime que nous marcherons encore à leur tête, que la France formera encore l'avant-garde de l'armée libératrice.

« Si leur confiance est fondée, qu'elle augmente la nôtre; on a foi en nous, ayons-y foi nous-mêmes!

« Oui, la France, la France catholique n'est pas morte; elle sommeille seulement. A des tressaillements divins qu'on surprend dans ce sommeil, on sent, en dépit d'une foule ignorante ou hostile, on sent que la vie n'est pas éteinte et que le réveil est proche. Mais, comme la jeune fille de l'Évangile, il faut que le Christ la prenne par la main, qu'il la relève, c'est-à-dire qu'il lui *donne* la force *nécessaire* pour rétablir ses institutions et ses mœurs; et alors la résurrection sera complète, et la France sera rendue plus jeune et plus belle à l'Église, sa mère, dont elle est la première-née, l'enfant de prédilection et le nécessaire appui.

« Ce jour est-il prochain, Messieurs? c'est le secret de la Providence. Contentons-nous d'espérer que notre génération le verra, d'en bénir Dieu d'avance, et de rendre hommage au vénérable Père, qui, par son enseignement, ses paroles, son exemple, nous a valu l'honneur, en nous y préparant, d'avoir une place, si modeste qu'elle soit, dans l'armée de l'Église, de la justice et de la vérité. »

ÉDOUARD DE LA BASSETIÈRE,
Député.

III

« Messieurs,

« On veut que je sois ici votre interprète, et je devrais refuser, si je m'écoutais, car je n'ai pas ce qu'il faut pour parler dignement de M. Dalin et en votre nom. Mais je suis serviteur dévoué de l'autorité, je vais en être la victime, mon obéissance sera mon excuse.

« Il est vrai, vous n'attendez pas un discours que je ne pourrais faire ; je ne dois ici que traduire vos sentiments en épanchant les émotions qui agitent mon cœur en cette fête de famille.

« Et puisque je suis en scène, vous me permettrez d'évoquer le souvenir d'un fait personnel ; aussi bien je m'assure que beaucoup d'entre vous y retrouveront comme moi, dans la petite histoire de leur vie, l'influence et l'action du Père que nous fêtons aujourd'hui.

« C'était en 1840 ; on s'entretenait de quatre élèves du Petit-Séminaire, dont trois sont ici, et le quatrième est au ciel, où il reçoit la récompense de ses éminentes vertus. On croyait, bien à tort, à cette époque, que l'Université seule conduisait au baccalauréat, et je quittais les Sables. M. Dalin, vivement contrarié qu'on m'enlevât à ses soins, disait cependant : « Je l'aime tant, ce pauvre Alfred, que je prierai bien pour lui. » Dieu vous a entendu, mon cher Père, et je dois certainement à vos ferventes prières d'avoir été moins mauvais que j'aurais pu le devenir.

« N'est-ce pas plus ou moins notre histoire à tous ? Et cet unique spectacle, de voir ici tant d'hommes réunis autour de celui qui les a élevés, n'est-il pas la preuve de ce que j'avance, en même temps que le plus grand honneur de M. Dalin ?

« Je n'ai pas le droit de parler au nom de Messieurs les ecclésiastiques ; mais il ne me désavoueront pas, si je pense, et si j'affirme, que beaucoup doivent aux prières de ce Père vénéré, pour une bonne part, le bonheur de leur vocation, la consolation d'une longue et courageuse persévérance, et ces vertus qui sont la gloire et la richesse de ce diocèse.

« Pour moi, mon cher Père, vous me disiez, il y a trente-cinq ans, dans nos longues promenades : « Tu seras mon bâton de vieillesse. » Que je m'estimerais heureux aujourd'hui si vous pouviez me répéter : Tu es une petite feuille encore verte, attachée à cette couronne où l'on voit de si beaux fleurons !

« Je m'attarde à ces lointains souvenirs, j'oublie mon sujet. Mais non, Messieurs, notre présence ici n'est-elle pas le plus grand hommage que nous puissions rendre à M. Dalin ? Qui peut montrer une telle couronne autour de ses cheveux blancs ? Ne sommes-nous pas les témoins de ce qu'il a fait aux Sables, à Saint-Laurent, dans tout le diocèse ? Ne montrons-nous pas les pieux et solides monuments que le Père Dalin a élevés dans les âmes et sur cette terre bénie de la Vendée ? Et je puis bien dire, en employant un mot que Monseigneur de Nantes a consacré, et dont je puis me servir en cette réunion, pleine de cordialité vendéenne : le Père Dalin a toujours été *très-édifiant*. Et cette paroisse manifeste avec éclat les preuves de cette vérité.

« En quittant ce souvenir des Sables, je dois rappeler celui qui avait immédiatement répondu aux vœux de son supérieur, Benjamin de Puiberneau. Il se fit jésuite. Le champ des missions s'ouvrit devant lui, il y entra résolûment, et il tomba dès l'aube du jour ; car il était mûr pour le ciel, d'où il assiste à cette fête, et prie pour son Père, pour nous, ses frères dans la foi et la charité.

« Sur cette terre du Bocage, fécondée par le sang et les prières des anciens Vendéens, rappelons leur dévouement, leur passion du devoir et du sacrifice. C'est à eux, ne l'oublions jamais, que la France doit la conservation de la religion catholique, et l'idée de patrie, qui n'existe pas nettement et réellement en dehors de la religion.

« Aussi bien M. Dalin nous a conservé ce type du vieux Vendéen, cet héritage de pieuses traditions, de loyale franchise, de consolants souvenirs, de foi inaltérable, d'inébranlable fidélité.

« Qui de nous, Messieurs, ne se rappelle nos pèlerinages à Lourdes, à Paray, où M. Dalin, par ses cantiques, sa parole, sa vivacité, était l'âme de ces pieux voyages?

« Nous entendons encore cette ardente parole inspirée qui éveillait les échos de la montagne, agitait nos cœurs, faisait couler nos larmes.

« Nous voyez-vous dans la basilique de Lourdes, tous debout, la main tendue vers l'autel, jurant fidélité à Dieu, à Pie IX, à la France? Oui, mon vénéré Père, nous nous en souviendrons. Vous avez consacré à ces causes, qui sont les nôtres, les armes que Dieu avait mises en vos mains, ainsi qu'avaient fait nos pères: la prière, le dévouement, le sacrifice. C'est la devise de la Vendée; nous y serons fidèles.

« Nous aussi, en ce jour, nous acclamons en la personne de M. Dalin, Vendéen des anciens jours, prêtre dévoué à tous les sacrifices, ces trois grandes causes: l'Église, Pie IX, la France.

« Avant de terminer, Messieurs, puis-je séparer ceux que Dieu a réunis dans cette heureuse paroisse, ceux que nous confondons dans nos cœurs: M. Dalin, monseigneur de Lespinay? N'est-ce pas même dévouement, même désintéressement, même piété, mêmes bonnes œuvres?

« L'un et l'autre ont bien voulu m'entourer d'une paternelle affection. Je suis bien certain que vous ne me désavouerez pas, lorsque je dépose en leur cœur notre filial amour. »

A. BIRÉ,
Notaire à Luçon.

IV

« A l'abbé Moreau, curé de Chambretaud, qui, obéissant à la voix du ciel, commença, un jour, le latin à deux enfants des Herbiers, MM. Isidore Baizé et Joseph Dalin. Le premier n'est plus de ce monde; gloire à sa mémoire vénérée!

« A l'abbé Dalin, son émule, qui, pendant ses humanités, éclipsa ses rivaux par l'éclat de ses talents.

« A l'abbé Dalin, professeur d'abord au Grand-Séminaire, puis bientôt supérieur du Petit-Séminaire des Sables-d'Olonne, où il forma à la science et à la vertu toute une génération de jeunes gens devenus depuis des hommes mûrs: ils sont accourus, pour la plupart, à la fête du 5oᵉ anniversaire de son sacerdoce, pour prouver qu'ils n'ont pas perdu la mémoire du cœur. Ils se rappelleront toujours avec quelle vivacité de foi, une nuit d'horrible incendie, il jeta dans les flammes le sceptre de la sainte Vierge, la forçant de faire un miracle en faveur des enfants qui lui étaient confiés.

« Au successeur du P. de Montfort, au P. Dalin, qui, transporté sur un autre théâtre, eut la haute direction des maisons fondées par ce grand serviteur de Dieu. Il y recueillit une perle nouvelle, celle que Dieu attache d'ordinaire à la couronne de ses amis et de ses saints, la perle sortie du creuset de *l'épreuve*.

« Au P. Dalin, curé de la Flocellière, où il multiplie, sur une large échelle, les œuvres les plus saintes.

« Au P. Dalin, le poète inspiré, qui, par ses odes aux mâles accents, porte si haut, à travers la France, le nom de la Vendée, et dont la voix, retentissant un jour dans la basilique de N.-D. de Lourdes, fit lever comme un seul homme douze cents pèlerins, qui s'écrièrent après lui : « Nous jurons d'aimer toujours Dieu, l'Église et la France ! »

« Au P. Dalin, l'hôte aimable, l'ami fidèle et généreux ! Que Dieu le conserve longtemps à ses disciples et à l'Église de Luçon !

« Au P. Dalin !! »

L'abbé Ferdinand BAUDRY,

Curé du Bernard.

V

AU PÈRE DALIN

ANCIEN SUPÉRIEUR DES SABLES-D'OLONNE, A L'OCCASION DE SA CIN-
QUANTIÈME ANNÉE DE PRÊTRISE.

Je ne viens point, Messieurs, vous parler politique :
Rassurez-vous !.... laissons *mûrir* la République ;
    Elle n'a rien à faire ici !
Ici, vous le voyez, nous sommes à la noce :
La France, qui vraiment ne roule plus carrosse,
    Voudrait bien s'y trouver aussi !

En passant, je pourrais te dire bien des choses,
République anodine, extrait à l'eau de roses,
    Jeter ma pierre en tes jardins.....
Mais, ici, je craindrais de blesser trop de monde :
Il faut être poli ; je ne vois à la ronde,
    Partout, que des Républicains.....

Oh ! non..... à chaque jour suffit toujours sa peine :
Laissons traîner un peu le lourd poids de la chaîne ;
    Vraiment, si nous venons de loin,
Ce n'est pas pour parler politique, j'espère :
C'est pour fêter celui que la Vendée entière
    Nomme le BON PÈRE DALIN.

LE BON PÈRE DALIN !.... Oh ! ce nom-là demeure.....
Nous fûmes les amis, nous, de la première heure
      Et les amis du lendemain.....
Nous sommes les aînés, la famille fidèle;
Avant tous, nous l'avons, mon cœur me le rappelle,
      Nommé le BON PÈRE DALIN.

LE BON PÈRE DALIN !... Oh ! ce nom seul réveille
Tout un passé !..... Messieurs, quels noms doux à l'oreille !
      Les Sables-d'Olonne !... quinze ans !...
Virgile, Cicéron, Horace !...... Après l'étude
Le plaisir : le *Tanchet !......* la *verte Solitude......*
      Songez-y : *c'était le printemps !......*

Avez-vous oublié ce *Tanchet* poétique ?
D'un bond nous franchissions son lit microscopique !
      Eh bien ! j'ai chanté le *Tanchet !......*
J'ai vu, sans les chanter, et la *Loire* et la *Seine...*
Aux saules du *Tanchet*, vous le croirez sans peine,
      J'avais pendu mon flageolet.....

Posthume, fugaces labuntur !.......... Comme Horace,
Oh ! nous sentons le temps s'en aller..... Tout s'efface !...
      Messieurs, nous vieillissons !....... Pourtant,
Quand mon œil attristé se ferme à la lumière,
Quand mon cœur doucement se rejette en arrière,
      Oh ! je me crois jeune un instant !...

Oui, que de fois ainsi mon pauvre cœur écoute
L'écho de ces beaux jours qui s'en vont goutte à goutte,
      Hélas ! pour ne plus revenir !......
Si Dieu reprend les fleurs, le printemps, la jeunesse,
S'il nous garde, j'espère, une sainte vieillesse,
      Vous nous apprendrez à vieillir !

Vieillir !... maître , ce mot serait presque une injure
Faite à Dieu !... Votre vie est longue ; elle fut dure ;
      Mais nous voyons avec bonheur,
Nous tous qu'un même cœur ici groupe, à cette heure,
Que les ans ont sur vous glissé..... le temps effleure
      Le front : il respecte le cœur !

Nous savons que, parfois, le voyageur s'étonne ,
En voyant les glaçons s'enchâssant en couronne
      Sur le front brûlant des volcans....
Sous le lourd poids des ans tout front humain se penche :
Si le temps sur le vôtre a mis sa poudre blanche ,
      Le cœur a gardé son printemps.

Moissonneur, les épis tombent sous la faucille :
Les gerbes près de vous s'entassent..... la famille ,
      Heureuse, bénit la moisson....
Il est tard, vos amis ont rejoint leur demeure
Et sous l'œil du bon Dieu reposent à cette heure :
      Père, c'est la fin du sillon !

Père, reposez-vous !.... longue fut la journée
Que Dieu, dans sa bonté, Père, vous a donnée.....
      Père, reposez-vous !..... Non, non !
L'homme n'a pas le droit de tourner en arrière
La tête..... il n'a jamais terminé sa carrière,
      Quand il reste encore un sillon.

Le sillon qu'ici-bas trace et creuse le prêtre
Commence sur la terre, et, vous l'avez dit, maître ,
      Au ciel le sillon doit finir !...
Apôtre, il reste encor quelques mauvaises herbes :
Défrichez et semez, et sous le poids des gerbes,
      Écrasé, vous pourrez mourir !...

La graine qu'en nos cœurs vous aviez déposée,
O cher maître, du ciel a reçu la rosée.....
   De vos petits rhétoriciens
Si vous n'avez pas fait, mon Dieu, de *très-grands hommes*,
Notaires et docteurs, artistes, agronomes,
   Grâce à vous sont restés chrétiens...

Rêves des premiers jours, poésie, espérance,
Tout peut s'envoler ; mais, il reste la croyance.....
   Rêve au matin, croyance au soir !
Aux plaisirs le Printemps souriant nous convie :
Merci, maître, vous seul nous avez dit : « La vie,
   « Enfants, c'est d'abord le devoir ! »

Messieurs, la Flocellière a sa page en l'histoire :
Elle eut son saint évêque : un jour même on put croire
   Qu'elle aurait l'évêché.... mais non,
Tu restes plus modeste, ô bonne Flocellière :
Tu règnes par le cœur et sais t'en montrer fière,
   Tu laisses Luçon à Luçon......

Encore ici, Messieurs, l'on aime, l'on vénère
Le nom du saint Prélat qu'on aima comme un père,
   De monseigneur Paillou........ demain
Dans ce charmant pays où l'on croit, où l'on aime,
Demain, dans cinquante ans, on parlera de même
   De notre *bon père Dalin !*...

Son front ne porta point la mitre..... mais, cher maître,
Un étranger, ici, s'y tromperait peut-être ;
   Et je comprendrais son erreur !......
La couronne d'amis accourus à vos noces
Vous fait un évêché..... Cet évêché sans crosses,
   Maître, c'est l'évêché du cœur !.....

Pardonnez à mes vers, maître! ma pauvre muse
Se sent, en ce moment, à coup sûr, très-confuse....
    J'ai mal chanté vos noces d'or...
Le poète est encor l'élève et non l'émule;
Autrefois on sentait le cœur sous la férule;
    Vous saurez pardonner encor.

J'adore les vieux vins, j'aime les vieux usages,
Et lorsque je ne vois ici que les visages
    De vrais amis, je suis tenté,
Je suis pressé, plus d'un, comme moi, l'est peut-être,
De remplir jusqu'aux bords mon verre... O mon vieux maître,
    Je veux boire à votre santé!...

Messieurs, ces noces d'or sont pour nous une école:
Notre maître a mêlé l'exemple à la parole;
    Songeons aussi, chers invités,
A nos noces........ Chacun doit célébrer les siennes;
Maître, dans vingt-cinq ans, je vous invite aux miennes!
    Messieurs, je bois à vos santés.

Son élève reconnaissant,

BOURGEOIS,

D. M.

VI

POUR LES NOCES D'OR

DE M. L'ABBÉ DALIN.

Lorsqu'aux fêtes s'ouvrait sa porte hospitalière ,
Ton fier château vit-il , antique Flocellière ,
    Un jour égal à ce grand jour ?
Un flot d'amis pareil à ce flot qui se presse ?
Des lèvres et des yeux plus empreints d'allégresse ?
    Vit-il s'épancher plus d'amour ?

Est-ce un héros fameux , est-ce un roi dans sa gloire,
Qui , des bords de la mer et des bords de la Loire ,
    Attire nos pas curieux ?...
Nous venons admirer — spectacle plus auguste —
Nous venons entourer et saluer un juste ,
    Un saint que convoitent les cieux.

Car dans cet instant même où sonnent nos louanges ,
Et Jésus, le doux maître, et Marie, et les Anges ,
    Du fond des éternels parvis,
Associant leur âme et leur joie à la nôtre ,
Sur ce front vénéré d'infatigable apôtre
    Abaissent des regards ravis.

Ils savent mieux que nous ce que cinquante années
Tiennent de durs labeurs, de luttes obstinées,
  Et d'angoisses et de sueurs...
Aussi le chœur céleste avec respect contemple
Ce vieillard qui garda son cœur pur, noble temple,
  Plein de parfums et de lueurs.

Aussi prépare-t-il d'avance une couronne,
Et parmi les élus dispose-t-il un trône,
  Plus éclatant que le soleil,
Pour l'honneur, le repos du saint, lorsqu'à la terre
Le Seigneur l'enlevant, son morne presbytère
  En vain attendra son réveil !...

Mais écartons bien loin cet attristant présage :
Ami, vos noces d'or veulent un gai visage ;
  Soyons joyeux dans notre foi,
Et demandons pour vous au ciel une vieillesse
En tous points comparable à celle que Dieu laisse
  A l'immortel Pontife-Roi !

      Émile GRIMAUD.

VII

*Filii tui sicut novellæ
olivarum in circuitu men-
sæ tuæ* (Psaume 127).

Les voyez-vous autour de votre table,
Ces nobles cœurs, beaux comme l'olivier ?
Ce sont vos fils, ô père vénérable ;
    Vous ne sauriez les renier.

Ce sont vos fils : ils ont été fidèles
A vos leçons, à vos enseignements ;
Pieux échos de ces leçons si belles
    Que reçurent vos premiers ans.

Nous le savons, vous vîntes à la vie,
Quand florissaient sur le sol vendéen
Ces forts géants, cette race agrandie
    Par les vertus du sang chrétien.

Dans votre cœur, cœur d'or sans alliage,
Le Ciel versa ces vertus des aïeux ;
Et vous dit : Va, transmets cet héritage
    Aux enfants de ces nobles preux.

Vous l'avez fait ; contemplez votre ouvrage :
Voyez ces cœurs façonnés par vos mains.
Grâces à vous, Dieu dit : C'est mon partage ;
    Ils sont à moi, ces Vendéens !

Lorsque partout on voit l'apostasie
Trahir sa foi, nier le droit divin;
Partout on voit, combattant l'hydre impie,
    Les enfants du Père Dalin.

Ils sont partout, tenant haut la bannière
De la vertu, du droit et de l'honneur.
En combattant, ils songent à leur père,
    Et ce nom soutient leur valeur.

On les a vus sur les champs de bataille,
Nouveaux Bayards, sans reproche et sans peur,
Bravant le feu, les balles, la mitraille,
    Sous l'égide du Sacré-Cœur.

On les a vus dans les pèlerinages,
Priant, chantant ces magiques refrains:
Actes de foi, hauts et puissants hommages
    Du dévoûment des Vendéens.

On les a vus, nous les voyons encore
Dans les conseils où la France est en jeu,
Montrer comment un député s'honore
    En défendant la France et Dieu.

Nous les voyons dans l'art et la science,
Obéissant à votre impulsion,
Par leurs succès démontrer la puissance
    Que donne la religion.

Nous les voyons, dignes chefs de famille,
Pour préparer un meilleur avenir,
Former au bien et leurs fils et leurs filles;
    Bien commencer pour bien finir.

Voyez surtout dans la milice sainte :
Qu'ils sont nombreux vos enfants, Père aimé !
Reconnaissez à votre forte empreinte
    Le clergé par vos soins formé.

Touchez son cœur : ce cœur est à l'Église ;
Il a du sang d'apôtre et de martyr.
Comme autrefois, aux jours de grande crise,
    Pour l'Église il saurait mourir.

Les voyez-vous autour de votre table,
Ces nobles cœurs, beaux comme l'olivier ?
Ce sont vos fils, ô Père vénérable ;
    Vous ne sauriez les renier.

Ils sont venus pour une grande fête,
Pour célébrer, Père, vos Noces d'or.
Quand on posait les mains sur votre tête,
    Le Ciel nous donnait un trésor.

Au ciel, au ciel cent fois reconnaissance !
A vous, à vous reconnaissance aussi !
Tel est le cri qui radieux s'élance
    De tous les cœurs qui sont ici.

J.-B. BONNAUD,
Curé de N.-D. de Charzais.

VIII

AUTREFOIS ET AUJOURD'HUI

Quand les savants trouvaient des fleurs de choix,
    Autrefois,
Dans leurs herbiers ils aimaient à les mettre,
    Autrefois;
Dieu, ce savant, dont les fleurs sont le prêtre,
    Aujourd'hui,
De ses Herbiers a tiré celui-ci,
    Aujourd'hui.

Ces fleurs d'herbiers qu'on cueillait de ses doigts,
    Autrefois,
En vieillissant ne gardaient plus d'arome,
    Autrefois;
Mais il paraît que plus on est bonhomme,
    Aujourd'hui,
Et plus on a l'odeur de Jésus-Christ,
    Aujourd'hui.

On le mit donc pour ses premiers exploits,
    Autrefois,
Au séminaire : il y fit des prouesses
    Autrefois;
Vous qu'on punit, consolez-vous, jeunesse,
    Aujourd'hui,
On parle encor des bons tours qu'il y fit,
    Aujourd'hui.

Les vieux auteurs grecs, latins et gaulois,
Autrefois,
Se dégustaient par cet esprit sagace,
Autrefois;
C'était si bon que l'on en voit la trace,
Aujourd'hui,
Dans ce regard de malice rempli,
Aujourd'hui!

Quoi qu'on ait dit, sous ces très-humbles toits,
Autrefois
L'instruction était large et profonde,
Autrefois;
La preuve en est visible à tout le monde,
Aujourd'hui,
Le séminaire est un jardin d'esprit,
Aujourd'hui.

On en sortait curé, vicaire, au choix,
Autrefois,
Ou professeur de quelque langue morte,
Autrefois;
Quelques-uns même — il en faut de la sorte —
Aujourd'hui,
Sont d'excellents députés, Dieu merci!
Aujourd'hui!

Notre héros, porté sur le pavois,
Autrefois,
Sur les sommets siégea sans y prétendre,
Autrefois;
Mais, dit Corneille, « on aspire à descendre, »
Aujourd'hui,
Plus on est bon, et plus on a d'ennui,
Aujourd'hui!

Il vint parmi ces coteaux et ces bois,
          Autrefois,
Et succédant à des prêtres aimables,
          Autrefois,
Il met son cœur sur tant et tant de tables,
          Aujourd'hui,
Que les anciens semblent revivre en lui,
          Aujourd'hui !

Il n'était point de couronnes sans croix,
          Autrefois,
Et tout pays avait bien ses épines,
          Autrefois ;
Si ces coteaux en ont sur leurs ruines,
          Aujourd'hui,
Le peuple au fond est bon, le maire exquis,
          Aujourd'hui !

On a vanté — c'est justice, je crois, —
          Autrefois,
Les vieux Hébreux multipliés par troupes,
          Autrefois ;
Mais quel foyer pourrait montrer des groupes,
          Aujourd'hui,
Aussi nombreux, aussi beaux que ceux-ci,
          Aujourd'hui !

Ainsi, Seigneur, ceux qui suivaient ta voix,
          Autrefois,
Trouvaient pour prix plus d'une riche aubaine,
          Autrefois ;
Au vieux lion, ainsi ta cinquantaine,
          Aujourd'hui,
Sur trois cents fils gaîment s'épanouit,
          Aujourd'hui !

Puisque les ans aussi bien que les mois,
Autrefois,
Vous ont toujours caressé de leurs ailes,
Autrefois ;
Nous souhaitons qu'ils soient toujours fidèles,
Aujourd'hui,
A vous garder frais et vert à l'envi,
Aujourd'hui !

Comme les bons serviteurs de la croix,
Autrefois,
Entraient au ciel au bruit de chants de grâce,
Autrefois ;
Aux chants du ciel faisant une préface,
Aujourd'hui,
Carillonnons un air du Paradis,
Aujourd'hui !

Fr. CHATRY,
Curé de Saint-Mesmin.

IX

Bon Père, en ce fortuné jour
Je veux rappeler ton histoire,
Je veux consacrer ta mémoire
Et te dire tout notre amour ! (*bis*)

REFRAIN.

Est-il chez nous plus grande renommée,
Un nom plus pur, un front plus radieux !
Tu fais l'honneur de la Vendée,
Nous t'offrons nos cœurs et nos vœux. } *bis*

Autour de ton frêle berceau,
Un ange aux ailes déployées,
Présage de tes destinées,
Répandit un éclat nouveau. (*b*)

Grandis, enfant prédestiné,
Accomplis ta noble carrière,
Marche la tête haute et fière,
D'honneur tu seras couronné. (*b*)

Dieu t'attend ! cours avec ferveur
Dans les transports de l'allégresse,
Va lui consacrer ta jeunesse,
A lui seul ta bouillante ardeur ! (*b*)

Combien se souviennent encor
De ses conseils du sanctuaire !
C'est là que cet aimable Père
Sur tous épanchait son cœur d'or. (b)

Fais monter au ciel tes accents,
Réjouis-toi, chère Vendée !
A son amour est confiée
Ton espérance et tes enfants. (b)

Avec lui revint le bonheur,
Le travail et l'ardeur guerrière ;
La douce paix d'un jour prospère,
Le plaisir, la joie et l'honneur ! (b)

Jurons donc amour à jamais
A cet ami de notre enfance.
Debout !! que la reconnaissance
Proclame aujourd'hui ses bienfaits ! (b)

ALEX. GIRARD,
Curé de la Garnache.

X

Tout s'unit à nos cœurs pour fêter notre père :
Des hauteurs du Thibet au berceau de Franklin
Des rivages du Nil à notre Flocellière,
L'écho dit à l'écho : Vive Joseph Dalin !

M. CHAUVEAU,
Curé de Saint-Florent.

XI

Salut, douce amitié, délicieuse ivresse,
    Qui, comme dans notre jeunesse,
Fais nos chants plus joyeux, plus beau ce si beau jour
    Dont, en dix ans, pleins d'allégresse,
    Nous en faisons tous la promesse,
    Nous viendrons fêter le retour !

M. DURANDET,
Curé de Bouin.

XII

Sous ce blanc pavillon une table est dressée ;
Faut-il donc qu'à la voir se borne ma pensée !...
N'importe !.. Je m'assieds près de vous, Messeigneurs.
Au maître de céans la rasade est versée..
Oseriez-vous sans moi déguster ses liqueurs !
Versez au pèlerin dont la muse empressée
    Pour vous suivre s'est élancée
    Jusqu'aux effluves de vos cœurs !

Il est vrai, je n'ai point abrité mon jeune âge
Aux lieux favorisés où vous l'avez connu,
Et je n'ai pu sous lui faire l'apprentissage
        Du savoir et de la vertu ;
Mais, dès que je le vis, n'ai-je pas su comprendre
L'éclair de son esprit, les beautés de son cœur ?
N'ai-je pas, comme vous, dans cette âme si tendre,
Saisi les doux secrets du frère et du pasteur ?
Donc, je bois avec vous... c'est un vaillant usage
        Un tant soit peu dégénéré,
        Depuis que dans leur sot langage
        Des coquins s'en sont emparé !...
Tant pis pour les coquins !... Ne laissons pas proscrire
        Nos vieilles mœurs d'honnêtes gens.
On perd trop à se faire un peu trop indulgents.
        Buvons à l'ami de l'enfance,
        Au prêtre saint chéri de tous,
        Au berger dont la vigilance
    N'a jamais craint la morsure des loups ;
        A cette âme antique et fidèle
        Qui vit de sagesse et d'espoir,
        Et prie avec nous pour revoir
        Tout ce qu'avec nous elle appelle !
Ah ! puissions-nous, après ses Noces d'or,
Cinquante fois le retrouver encor,
        Retrempant son anniversaire
        Dans cette coupe salutaire !

                                M. AUBER,
                        Chanoine de l'Église de Poitiers.

XIII

Si tendrement aimé que tu sois sur la terre,
Tu l'es bien plus encor de nous, anges des cieux.
Aussi, le front penché, l'œil sur la Flocellière,
Nous nous sommes unis à ton banquet joyeux.

Quand nous parlons de toi, nous t'appelons un frère ;
Nos voix savent tes chants si fiers et si pieux ;
Nous avons entendu Jésus dire à sa mère :
« Marquez son noble front d'un signe radieux. »

Oui, du monde et du ciel ta vieillesse est bénie ;
Et, pour tes noces d'or, Dieu le veut, à ta vie
Nous allons ajouter des jours et du bonheur.

Vis donc, travaille et chante, et d'année en année,
Grandis parmi les fils de ta chère Vendée !
Nous garderons ta place à côté du Seigneur.

ANONYME.

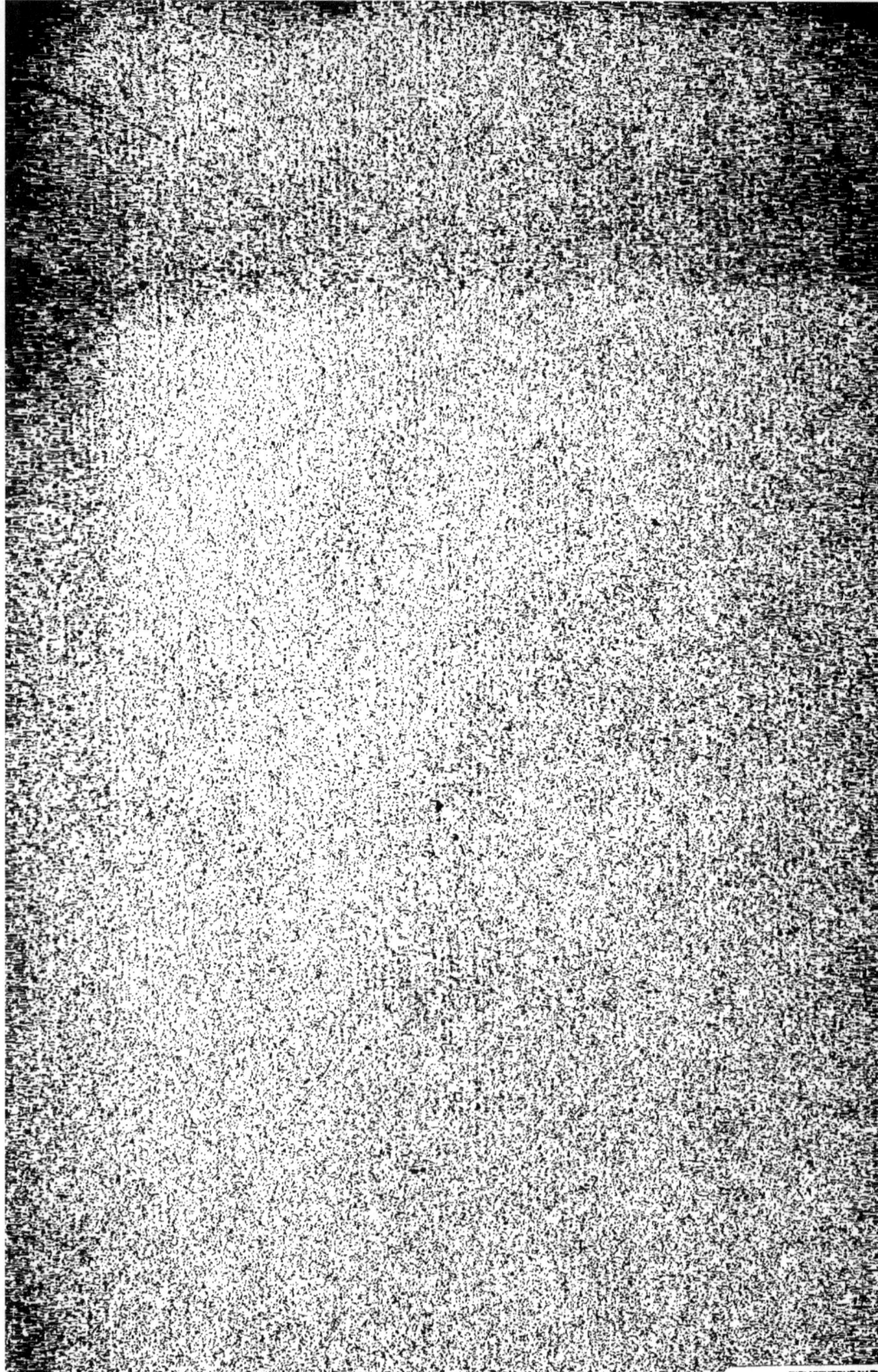

www.ingramcontent.com/pod-product-compliance
Lightning Source LLC
LaVergne TN
LVHW022036080426

835513LV00009B/1087